AF383202

KRISEN-MANAGEMENT

Methoden zur erfolgreichen Krisenbewältigung

Verfasst von Véronique Bronckart
Übersetzt von Mareike Lobeck

Für die Arbeitswelt   50MINUTEN.de

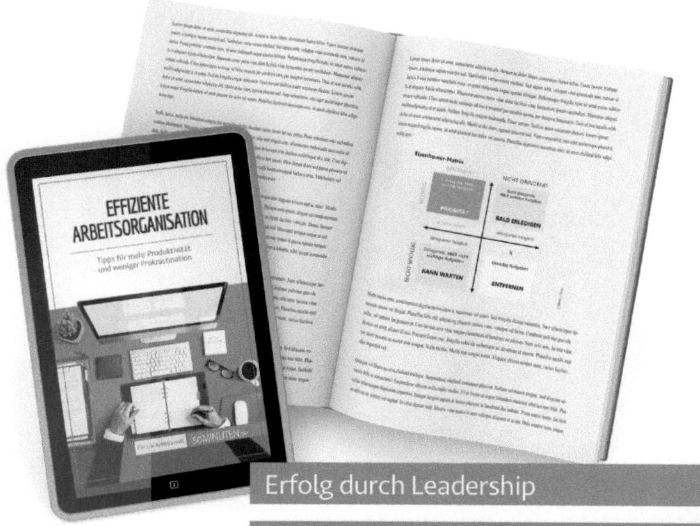

KRISENMANAGEMENT

- **Ziel:** angemessene Maßnahmen ergreifen, um schnell auf eine Krisensituation reagieren zu können und sie zu bewältigen
- **Anwendung:** sofortige Schadensbegrenzung, Situationsbewältigung und Vermeidung neuer Krisen, indem aus dem Vorgefallenen die nötigen Lehren gezogen werden
- **Arbeitskontext:** Krisenmanagement und -vorhersage, Konfliktlösung, Management, Personalmanagement
- **FAQ:**
  - Was versteht man unter einer Krisensituation?
  - Für wen besteht das Risiko einer Krise?
  - Wer muss vor einer Krise warnen?
  - Wie wird eine Krise bewältigt?
  - Wie sollte man in einer Krisensituation kommunizieren?
  - Kann ich die Krise bewältigen, selbst wenn ich keinen Krisenplan besitze?
  - Welche psychischen Konsequenzen kann ein schlechtes Krisenmanagement nach sich ziehen?
  - Welche Fehler sollten vermieden werden, um den Schaden zu begrenzen?

EINLEITUNG

Jedes Unternehmen, egal ob multinational oder lokal, Produktions- oder Dienstleistungsunternehmen, kann jederzeit von einer Krise getroffen werden. Diese treten meist unangekündigt auf und können dem Ruf des Unternehmens schaden oder im schlimmsten Fall sogar dessen Ruin bedeuten. Angemessen auf eine solche Situation zu reagieren ist daher essentiell, um das Vertrauen von Mitarbeitern, Führungskräften, Lieferanten und Kunden zu bewahren, ein Sicherheitsgefühl herzustellen und die Unternehmenstätigkeit wieder anzukurbeln.

Krisen können Wirtschaft, Gesellschaft oder Umwelt betreffen und von unternehmensinternen oder -externen Faktoren ausgelöst werden. In jedem Fall werden für ihre Bewältigung zahlreiche Managementfähigkeiten benötigt, um Stress abzubauen, schnell und überlegt zu reagieren, angemessen zu kommunizieren und schließlich Konsequenzen zu ziehen, damit sich eine solche Krise nicht wiederholt. Krisenmanagement ist daher ein unabdingbares Strategiewerkzeug, das in keinem Unternehmen fehlen sollte.

KRISENMANAGEMENT: DIE GRUNDLAGEN

KRISENSITUATIONEN ERKENNEN

Was ist eine Krisensituation?

Eine Krisensituation gefährdet die Ziele bzw. den Fortbestand eines Unternehmens und verlangt nach relativ schneller Entscheidungsfindung. Entscheidend dafür ist der Grad und die Schwere der Auswirkungen auf das Unternehmen. So werden schwierige Umstände, die sich kaum auf das Unternehmen oder sein Umfeld auswirken, nicht als Krisensituation eingestuft. Eine solche kann, muss aber nicht, vorhersehbar sein. Durch die Analyse der internen Unternehmenssituation können jedoch manchmal Risikofaktoren erkannt und eventuelle Probleme damit antizipiert werden. Externe Faktoren hingegen sind in der Regel nicht vorhersehbar.

Krisensituationen können durch das Zusammenwirken von Aspekten aus unterschiedlichen

Bereichen entstehen. Zu diesen gehören beispielsweise Wirtschaft, Politik, Institutionen, zwischenmenschliche Beziehungen, Ethik, Technologie, Rechtsprechung und Medien. Die Ursachen sind also sehr weit gestreut und können sich auf die Natur, Technik, Umwelt oder den Menschen beziehen. Wie das folgende Schema zeigt, sind diese Faktoren miteinander verbunden und wirken sich auf das Unternehmen aus, und andersherum. Wenn sich ein Ereignis in einem der Bereiche direkt auf das Unternehmen oder einen anderen Faktor auswirkt, kann das wiederum einen anderen Bereich betreffen und dann alles wie ein Kartenhaus einstürzen.

Krisenursachen

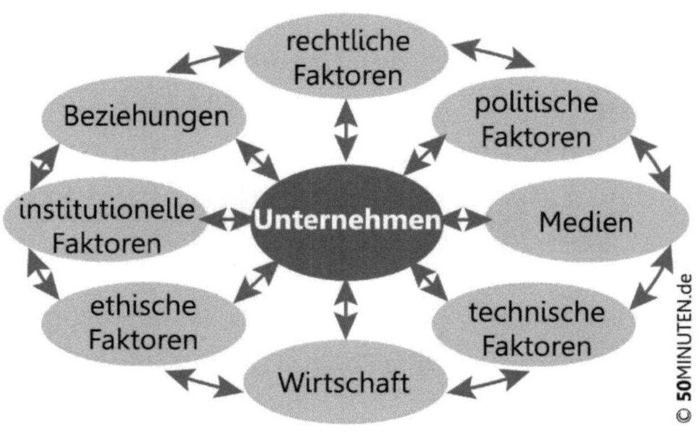

Unternehmen werden im Alltag mit zahlreichen Problemen konfrontiert. Während diese in den meisten Fällen schnell gelöst werden, können sie manchmal jedoch auch ein größeres Ausmaß annehmen. Man spricht dabei von einer potenziellen Krisensituation, wenn im Vorhinein Risikofaktoren bestimmt werden und ein Krisenplan eingeführt wird. Treten diese Elemente jedoch gehäuft und unkontrolliert auf, spricht man von einer tatsächlichen Krisensituation. In diesem Fall werden in der Regel die folgenden Phasen durchlaufen:

Phasen des Krisenmanagements

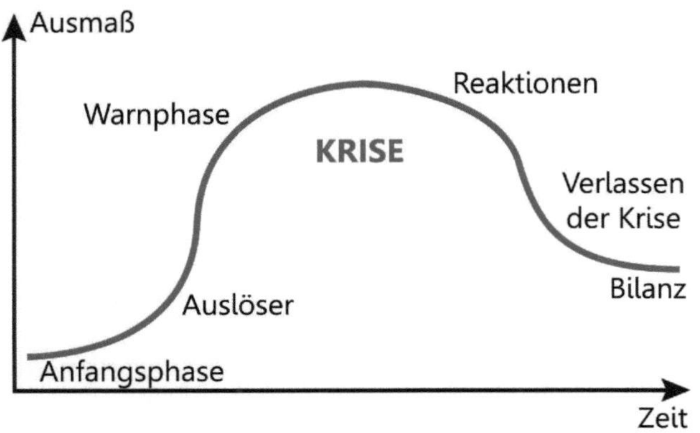

Krisenfaktoren

Eine Krisensituation entsteht durch die Häufung von Risikofaktoren. Diese haben ihren Ursprung im externen oder internen Unternehmensumfeld und beeinflussen sich gegenseitig. Wenn Sie lernen, sie zu erkennen, werden Sie die Konsequenzen besser vorhersehen können.

Risikofaktoren

Externe Risikofaktoren	Interne Risikofaktoren
• aggressive Konkurrenz • neue Gesetze, die eine betriebliche Umstrukturierung erfordern • Verlagerung oder Zusammenschluss von Standorten • Kommunikation, die dem Unternehmensimage schaden soll (Skandal, schlechte Publicity) • Angriffe des Personals durch einen Kunden oder einen Zulieferer • Gehäufte Auftragsstornierungen • Arbeitsniederlegung des Hauptzulieferers (Streik oder Konkurs)	• schlecht getroffene Entscheidungen, die nicht rückgängig zu machen sind • zu strenge oder ungenaue interne Regelungen • fehlende Kommunikation, Gerüchte • mangelnde Voraussicht seitens der Führungskräfte • Umstrukturierung und neue Organisation der Arbeit • Auflösung einer Abteilung • technische Fehler und Pannen • menschliche Fehler • Ineffizienz, Überbeanspruchung • Konflikte

Auswirkung auf das Unternehmen

Unabhängig davon, ob die Krise von einer schlechten Entscheidung, einem Problem innerhalb des Unternehmens oder einem unvorhergesehenen externen Ereignis ausgelöst wurde, sie stört immer das allgemeine Gleichgewicht und führt zu einem Moment der Orientierungslosigkeit. Wird die Krise nicht unter Kontrolle gebracht, kann sich dies direkt auf die Akteure des Unternehmens auswirken. Denn wenn diese wenig oder schlecht informiert werden, können sie Gerüchte verbreiten und sich unsicher oder ausgeschlossen fühlen. Die folgende Demotivation und der entsprechende Leistungsrückgang wirken sich dann negativ auf den Gewinn des Unternehmens aus. Daher ist es in solchen Situationen essentiell, mit allen Angestellten zu kommunizieren, um sie zu beruhigen, zu unterstützen und in den Lösungsprozess miteinzubeziehen. Je nach Art der Krise, in der sich das Unternehmen befindet, können die Schäden ebenfalls das Material oder die Arbeitsstätte betreffen (und dadurch eine Verlangsamung oder den Stillstand der Produktion bedeuten), das Unternehmensimage verändern oder im schlimmsten Fall zu Personalkürzungen und Konkurs führen.

KRISEN VORBEUGEN

Krisen vorbeugen zu können bedeutet in der Lage zu sein, auf neue Situationen zu reagieren und dabei gegebenenfalls Überzeugungen und gewohnte Methoden aufzugeben, um sich dem Neuen anzupassen. Dazu bedarf es einer einwandfreien Vorbereitung. Um also optimal auf eine Krisensituation zu reagieren, ist es notwendig, einen bestimmten Krisenmanagementprozess zu befolgen. Mit diesem sollen Risikofaktoren – insbesondere durch Revisionen – erkannt und konkrete Vorgehensweisen eingeführt werden, die ein Maximum an möglichen Auswirkungen auf das Unternehmen vermeiden sollen.

Unternehmensziele definieren und Risiken feststellen

Der erste wichtige Schritt besteht in der Definition der Unternehmensziele. Im Anschluss können die Faktoren festgestellt werden, die bei der Verfolgung dieser Ziele ein Hindernis darstellen könnten, ebenso wie die, die ungefährlich sind. Präventivmaßnahmen sollten sich dabei lediglich auf Risikofaktoren beziehen.

Um potenzielle Gefahren zu erkennen, sollten zunächst die Schwachpunkte des Unternehmens festgestellt werden. Intern kann dieser Schritt beispielsweise teilweise von einem Beobachtungs- oder Krisenstab übernommen werden. Um dessen Ergebnisse zu vervollständigen, sollte aber dennoch ein externer Experte zu Rate gezogen werden, der das Unternehmen einer Revision unterzieht und dieses aus einem globaleren und objektiveren Blickwinkel betrachten kann. Die Untersuchung sollte alle Parameter der internen und externen Situation des Unternehmens berücksichtigen, dessen Stärken und Schwächen auswerten und die Risiken anhand ihres Schweregrads und ihrer Wahrscheinlichkeit einordnen. Das Ergebnis dient im Anschluss als Leitfaden für die Planung der Präventivmaßnahmen.

Einordnung der Risikofaktoren

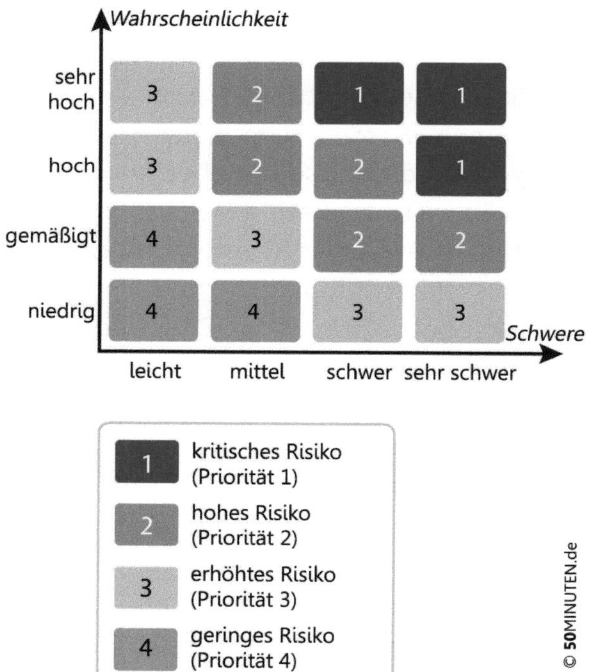

Der Krisenplan

Nachdem die Risiken erkannt wurden, sollte ein Krisenplan erstellt werden, indem die der Schwere der Situation entsprechenden

Vorgehensweisen und Hilfsmittel festgeschrieben sind. Dazu gehören:

- die Einführung einfacher Warnprozesse (wer löst den Alarm aus? Wie?) und Betreuung der Betroffenen
- die Einwicklung eines effizienten und präzisen Kommunikationsplans
- die Ausarbeitung eines Geschäftskontinuitätsplans
- die Ernennung der Mitglieder des Krisenstabs und Festlegung ihrer Aufgaben
- die Fortbildung der Unternehmenssprecher im Umgang mit den Medien
- die Vorbereitung des Personals mithilfe von Übungen für den Ernstfall

Diese Informationen können in einem Dokument schriftlich festgehalten werden (Krisenplan), wobei er aus Effizienzgründen auf das Wesentliche beschränkt wird. Der Plan sollte stets auf dem neusten Stand sein, damit er im Ernstfall anwendbar ist. Außerdem sollte er alle möglichen Risikoarten abdecken (rechtliche, finanzielle etc.). In der Präventivphase sollten ebenfalls Maßnahmen erarbeitet werden, die die Auswirkungen und Kollateralschäden im Krisenfall vermindern. Diese Maßnahmen betreffen:

- die Erhaltung des Unternehmensimages, indem denLieferanten/KundendieUnternehmenswerte und die Mittel kommuniziert werden, mit denen diese eingehalten werden
- die Einschränkung der Auswirkungen, die die Medien auf das Personal haben, indem dieses über die Situation informiert wird, um so Falschinterpretationen zu vermeiden
- die psychologische Unterstützung der betroffenen Familien

Der Kommunikationsplan

Der Krisenkommunikationsplan ist zwar Teil eines allgemeineren Plans, jedoch unerlässlich und sollte nicht vernachlässigt werden. Die folgenden Schritte helfen, einen effizienten Plan zu erstellen:

- Zielgruppen feststellen (Medien, allgemeine Öffentlichkeit, Angestellte des Unternehmens, Behörden, Kunden)
- Kommunikationsziele und angemessenes Medium für die entsprechende Zielgruppe definieren

- Inhalt der einzelnen Maßnahmen festlegen (behandelte Themen, Schlüsselbotschaften, Sender, Häufigkeit etc.)
- Mittel bestimmen, mit denen die Ergebnisse der Maßnahmen überprüft werden können

Der Geschäftskontinuitätsplan

Der Geschäftskontinuitätsplan umfasst alle Prozesse und Tätigkeiten, die die Weiterführung des Unternehmensgeschäfts während einer Krise ermöglichen und damit eine gewisse finanzielle Sicherheit gewährleisten. Er setzt sich aus zwei Teilen zusammen (je nach Unternehmen und Art des Vorfalls):

- Der **IT-Kontinuitätsplan** befasst sich mit den Elementen, die zur Aufrechterhaltung der Informatiksysteme notwendig sind.
- Der **Betriebskontinuitätsplan** beschäftigt sich mit den Betriebsabläufen und Arbeitsanforderungen (das heißt den Berufsvorgaben und dem, was produziert werden muss, um Wert zu schaffen).

Wenn Sie Ihre Dienstleistungen und Lieferungen für Ihre Kunden aufrechterhalten können, gewinnen Sie ihr Vertrauen und beweisen

Ihre Verlässlichkeit. Außerdem werden die Mitarbeiter motiviert und beruhigt sein, wenn sie feststellen, dass das Unternehmen alles darangesetzt hat, weiterhin betriebsfähig zu sein. Der Geschäftskontinuitätsplan sollte entsprechend der jeweiligen Situation erstellt werden:

- Im Fall einer Krise aufgrund eines Lieferstopps sieht er eine Alternative vor (ein anderes Material oder einen anderen Lieferanten), damit die Produktion fortgeführt werden kann.
- Im Fall einer Krise aufgrund von Umwelteinflüssen (Überschwemmung, Brände), sieht er während der Reparaturarbeiten zusätzliches Betriebsmaterial vor.

ZUSATZINFORMATION: RPO UND RTO

In der Regel enthält der Geschäftskontinuitätsplan eine Recovery Point Objective (RPO) und eine Recovery Time Objective (RTO). Erstere legt fest, wie viel Zeit zwischen dem Vorfall und der letzten Datenspeicherung liegt, und definiert dadurch die Datenmenge, die maximal verloren gehen kann. Letztere gibt an, wie viel Zeit benötigt wird, um die Betriebstätigkeiten wieder voll aufzunehmen. Beide Punkte sind notwendige Bestandteile eines effizienten Geschäftskontinuitätsplans.

Die Erstellung der verschiedenen Krisenpläne hilft Ihnen, unter Druck keine schlechten Entscheidungen zu treffen und stattdessen im Ernstfall wertvolle Zeit zu sparen.

Der Krisenstab

Die Maßnahmen zur Krisenbewältigung hängen von der Situation, der Ursache und dem Schweregrad ab. In jedem Fall spielt jedoch die Fähigkeit, die richtigen Personen für die Lösungsfindung zu mobilisieren, eine wichtige Rolle. Dies ist die Aufgabe des Krisenstabs. Er sollte sich aus einer begrenzten Anzahl Mitglieder zusammensetzen, darunter:

- einem Krisenmanager (in der Regel eine Führungskraft)
- einem Vermittler, der für die Verbindung zwischen Krisenstab und dem Rest des Unternehmens zuständig ist
- einem Kommunikationsbeauftragten

- einem Psychologen (je nach Schwere der Krise)
- einem Experten für die jeweilige Problematik (Jurist, Umweltexperte, Wissenschaftler, IT-Sicherheitsbeauftragter etc.)

Das Team muss jederzeit erreichbar und schnell einsatzbereit sein. Es sollte daher für die verschiedenen Krisenfälle ausgebildet und geschult sein.

KRISEN BEWÄLTIGEN

Sofortiges Handeln

Im Krisenfall muss sofort reagiert und die Situation richtig eingeschätzt werden, um so deren Ausmaß festzustellen und angemessene, sinnvolle und schnelle Maßnahmen zu ergreifen, ohne sich vom Stress überwältigen zu lassen. Dies fällt in den Aufgabenbereich des Krisenstabs, der sich so schnell wie möglich zusammensetzt und die Zusammenarbeit mit externen Akteuren (Experten, Juristen) koordiniert, um alle Tätigkeiten optimal zu organisieren sowie zusammenzufassen und darauf zu achten, dass die Maßnahmen aufeinander abgestimmt sind. Der Krise kann nur effizient entgegengewirkt werden, wenn die Maßnahmen sofort ergriffen werden. Es handelt sich also um einen wahren Wettkampf gegen die Zeit. Je nach Schweregrad bietet der Krisenstab zur Schadensbegrenzung ebenfalls psychologische Unterstützung für die betroffenen Personen an (Personal oder andere Akteure).

Die Bedeutung der Kommunikation

Kommunikation gehört zu den wichtigsten Aspekten eines guten Krisenmanagements. Es ist überaus wichtig, unternehmensintern klar zu kommunizieren, damit schnell reagiert werden kann und die Angestellten beruhigt werden. Die externe Kommunikation mit den Medien und auf sozialen Netzwerken ist ebenfalls von großer

Bedeutung, um die Öffentlichkeit zu informieren und das Unternehmensimage zu bewahren.

- **Interne Kommunikation**: Häufig sind die Angestellten als Erste von der Krise betroffen. Es ist daher äußerst wichtig, eine Strategie einzuführen, die transparente interne Kommunikation ermöglicht, um vor den bestehenden Risiken zu warnen und zu vermeiden, dass die Angestellten von den Neuigkeiten lediglich über Nachrichten im Fernsehen oder über den Flurfunk hören. Werden die Angestellten hingegen im Vorhinein klar informiert, steigert dies ihr Zugehörigkeitsgefühl zum Unternehmen und wahrt ihr Vertrauen, was sich in kritischen Zeiten als vorteilhaft erweisen kann.

  Auch für die einfache und schnelle Umsetzung der vom Krisenstab entschiedenen Maßnahmen spielt die interne Kommunikation eine wichtige Rolle. So kommuniziert der Krisenstab dem Rest des Unternehmens mittels zuverlässiger Kommunikationsmittel wie Telefon (mobil oder Festnetz) und E-Mails, den Krisenplan und die Kontaktliste aller nützlichen oder betroffenen Personen. Einige Krisenstäbe richten ebenfalls eine eigene Internetseite ein, die ausschließlich dem Krisenfall gewidmet ist und die Kommunikation innerhalb der Gruppe erleichtert. Beispielsweise kann die Seite in Echtzeit über das Ereignis, dessen Entwicklung und gefällte Entscheidungen sowie getroffene Maßnahmen informieren, deren Fortschritt anzeigen und Warnungen ausgeben, sollten die gesetzten Fristen überschritten werden. Die Mitarbeiter sollten ebenfalls über erste Erfolge informiert werden, um sie zu motivieren und davon zu überzeugen, dass das Unternehmen weiterhin erfolgreich sein kann.

- **Externe Kommunikation**: Es ist äußerst wichtig, das Unternehmensumfeld (Kunden, Lieferanten, Partner, Öffentlichkeit, Verbände) über die Situation zu informieren und das Unternehmensimage aufrecht zu erhalten. Sie sollten daher Ihre Beziehung zu den Medien pflegen, da diese die Information an die allgemeine Öffentlichkeit weitertragen werden. Stellen Sie also sicher, dass die Informationen, die Sie weitergeben, nicht nur korrekt sind, sondern auch zu Ihrem Vorteil, damit sie dem Unternehmen nicht zusätzlich schaden. Soziale Medien bieten dabei die Möglichkeit, regelmäßig und quasi in Echtzeit über die Situation zu berichten, wodurch Sie Gerüchte und den Umlauf falscher Informationen vermeiden und gleichzeitig die Öffentlichkeit beruhigen können. Zudem ermöglicht die externe Kommunikation über soziale Medien, das digitale Unternehmensimage bzw. das Online-Image zu überwachen. Dadurch sind Sie gleichzeitig jederzeit über alle Neuigkeiten informiert, die über Ihr Unternehmen im Umlauf sind, sodass Sie diese, wenn nötig, berichtigen können.

BEISPIEL EFFIZIENTER KRISENKOMMUNIKATION: FINDUS

Im Jahr 2013 erkannte der Lebensmittelhersteller Findus nach Kontrollen, dass seine Rindfleisch-Lasagnen tatsächlich mit Pferdefleisch produziert wurden. Das Unternehmen reagierte sofort dank eines effizienten Krisenkommunikationsplans, der auf drei Punkten aufbaute:

- Das Unternehmens machte selbst den Skandal publik und zeigte, dass es die Krise sowie die Zufriedenheit seiner Kunden ernst nahm, indem es alle umlaufenden Produkte vom Markt nahm.

- Findus blieb in den Medien vollkommen transparent und führte bei all seinen Produkten mit Rindfleisch DNS-Tests durch.
- Das Unternehmen stellte sich auf die Seite der Kunden und damit der Geschädigten, indem es die Zulieferer für den Vorfall verantwortlich machte.

Gutes Kommunikationsverhalten

Zu vermeidende Fehler	Hilfreiche Einstellung
• die Verantwortung von sich weisen und andere beschuldigen • alle Trümpfe sofort ausspielen • lügen • schweigen und damit die Fantasie der Medien befeuern • widersprüchliche Aussagen machen • sprechen ohne etwas auszusagen • ungeprüfte Informationen weitergeben	• eine Krise als solche erkennen und akzeptieren • den Betroffenen gegenüber Empathie zeigen • innerhalb bestimmter Grenzen transparent sein • über die Zukunft und von den Maßnahmen sprechen, die zur Krisenbewältigung getroffen wurden • in Relation stellen und positiv denken

KRISEN BEENDEN

Auch wenn die Krise bewältigt, also das Schlimmste überstanden ist, bedeutet das nicht das Ende der Krise. Der letzte Schritt, der nun noch getan werden muss, ist ausschlaggebend für die Zukunft und hat in der Regel zum Ziel, das Vertrauen der Angestellten, Kunden, Zulieferer, Behörden und Medien wiederherzustellen. Zudem ist es nun möglich, aus der Krise zu lernen, damit sie sich in Zukunft nicht wiederholt.

Wie bei jedem Ereignis mit einer Auswirkung auf das Unternehmen sollte eine Bilanz gezogen werden, indem mit den betroffenen Personen direkte Rücksprache gehalten wird und Verbesserungsmöglichkeiten erkannt werden. Dazu sollte nach der Krise eine Revision durchgeführt werden, die auf der vorher erstellten beruht. So kann festgestellt werden, welche Risikofaktoren weiterhin bestehen. Außerdem können die Vorgehensweisen des Krisenmanagements angepasst werden, um so die Wahrscheinlichkeit zu senken, dass sich die Situation wiederholt, und ebenso die Auswirkungen auf das Unternehmen beschränkt werden. Der Krisenstab kann dann aufbauend auf der neuen Revision die Präventivmaßnahmen des Krisenmanagements anpassen.

Schließlich sollte das Unternehmen die gemachten Erfahrungen nutzen und dadurch gestärkt aus der Krise hervorgehen. Aus seinen Fehlern zu lernen ermöglicht Wachstum und Verbesserung: Setzen Sie ein neues Ziel und erarbeiten Sie einen Plan, wie sie dieses erreichen, um Ihren Betrieb wieder anzukurbeln und Ihre Mitarbeiter anzuspornen.

ZUSATZINFORMATION: EIGENSCHAFTEN EINES GUTEN KRISENMANAGERS

- Optimistisch bleiben: Bei einem guten Krisenmanagement könnte die Krise trotz allem positive Auswirkungen haben.
- Sich der Situation bewusst sein und nicht den Kopf in den Sand stecken: Sich zu verstecken wird die Situation nicht verbessern. Stellen Sie sich der Krise.
- Unwahrscheinliches und Dominoeffekte vorhersehen.
- Die Situation mit Abstand betrachten.

- Gesunden Menschenverstand und Urteilskraft beweisen.
- Überlegt handeln. Wenn Sie als Manager in Panik verfallen, werden Ihre Mitarbeiter das auch. Bewahren Sie Ruhe.

TOP TIPPS

- **Suchen Sie nach weiteren Lieferanten**: Machen Sie sich nicht von einem einzigen Lieferanten abhängig, damit Sie nicht in Schwierigkeiten kommen, wenn er einmal nicht liefern kann. Sehen Sie stattdessen einen Notfallplan vor, indem Sie zwei oder drei verschiedene Lieferanten kontaktieren. Sie sollten auch in die Suche nach neuen Partnern investieren, die sich eines Tages als starke Verbündete erweisen können.

- **Gestalten Sie Ihre interne wie externe Kommunikation transparent**: So vermeiden Sie, dass die Information verfälscht wird. Zudem muss der Krisenstab jede Entscheidung zunächst validieren, bevor sie an die Mitarbeiter oder die Medien kommuniziert wird. Schließlich sollten Sie ebenfalls nicht nur auf Klarheit – damit Sie von der Öffentlichkeit und den Angestellten verstanden werden – sondern auch auf Ehrlichkeit, Empathie und Bescheidenheit setzen.

- **Pflegen Sie Ihre Kontakte und Ihre Außenwirkung**: Danach entscheidet sich, wie glaubwürdig Sie erscheinen und ob Sie die Krise beenden können. Wenn Sie während der gesamten Zeit der Krisenbewältigung ein starkes, selbstbewusstes Markenimage transportieren, werden Sie dadurch die meisten Ihrer Kunden behalten. Wenn Sie Ihr Image hingegen vernachlässigen, werden Ihre Kunden wahrscheinlich zum nächstbesten Konkurrenten wechseln.

- **Beziehen Sie das gesamte Personal beim Projekt der Krisenbewältigung mit ein**: Schwierige Zeiten, ebenso wie Phasen mit guter Geschäftslage eignen sich hervorragend dazu, den Zusammenhalt innerhalb des Unternehmens zu stärken. Durch die Einbindung und die Solidarität der Angestellten steigern Sie die Chancen, die Krise zu bewältigen.

- **Verfallen Sie weder in Stress noch in Panik**: Für ein optimales Krisenmanagement ist es unerlässlich, gut mit Stress umgehen zu können. Ansonsten ist die Gefahr hoch, in Panik zu verfallen, Fehler zu begehen und übereilte, konfuse Entscheidungen zu treffen, sodass Sie

Ihr eigentliches Ziel der Krisenbewältigung nicht erreichen. Die Krise vorherzusehen wird Sie bereits von einer Last befreien. Umgeben Sie sich dann mit Experten in dem jeweiligen Thema, um dem Stress nicht nachzugeben. Wenn Sie dennoch unruhig werden, sollten Sie die Situation in Relation setzen und tief durchatmen. Sie können ebenfalls ein Seminar zur Stressbewältigung besuchen, sich an einen Coach wenden, der Sie auf solche Situationen vorbereitet, oder eine Entspannungstechnik wie Yoga oder Sophrologie praktizieren. Die Mitglieder des Krisenstabs sollten außerdem psychologisch vorbereitet werden, da Sie dem größten Stress ausgesetzt sein werden, weil sie in der ersten Schusslinie stehen.

- **Überlegen Sie, wie diese Erfahrung dem Unternehmen nutzen kann**: Der französische Wirtschaftswissenschaftler Jean Monnet (1888-1979) sagte: „Menschen akzeptieren Veränderungen nicht, außer in der Notwendigkeit und die Notwendigkeit sehen sie nur in der Krise". Eine Krise kann sich als Gelegenheit erweisen, die Organisation des Unternehmens zu überarbeiten und zu erneuern.

- **Lernen Sie aus Ihren Fehlern**: Nach der Krise ist es an der Zeit Bilanz zu ziehen und zu analysieren, wie Sie mit der Krise umgegangen sind. Werten Sie den Schaden aus, stellen Sie fest, welche Risikofaktoren weiterhin bestehen, und versuchen Sie, diese zu reduzieren. Es ist äußerst empfehlenswert, eine neue Auswertung anzufertigen, um sie mit der vorherigen zu vergleichen, und die Präventivmaßnahmen anzupassen.

- **Vorausschauende Vorbereitung ist alles**: Wenn Sie nur einen einzigen Ratschlag behalten sollten, dann diesen. Erarbeiten Sie Maßnahmen für die verschiedenen potenziellen Risiken. Bewahren Sie, wenn es beispielsweise um menschliche Risikofaktoren geht, die Kontaktdaten von Personen auf, die Ihre Angestellten im Falle einer längeren Abwesenheit ersetzen könnten. Bezüglich technischer Risiken sollten Sie frühzeitig erkennen, ob in Ihrem Team Fortbildungsbedarf besteht.

FAQ

WAS VERSTEHT MAN UNTER EINER KRISENSITUATION?

Eine Krise bricht aus, wenn ein Ereignis dazu führt, dass die Unternehmensziele möglicherweise nicht erreicht werden, dessen Image geschadet, sein Betrieb eingeschränkt oder Fortbestehen gefährdet wird. In dieser Zeit verschwinden die gewohnten Anhaltspunkte, was zu allgemeiner Unsicherheit führt. Bei einer solchen Krisensituation kann es sich beispielsweise um das Austreten eines giftigen Stoffs, den Lieferstopp eines Rohstoffs für die Produktion, Personalstreik, oder der Schädigung des Markenimages durch Kritik in den Medien handeln.

FÜR WEN BESTEHT DAS RISIKO EINER KRISE?

Jedes Unternehmen und jeder Betrieb kann potenziell in eine kritische Situation geraten. Die Krise muss nicht zwingend durch ein schlimmes Ereignis in der Wirtschaft oder eine Naturkatastrophe ausgelöst werden. Vielmehr können zahlreiche interne und externe Faktoren die Ursache sein. So kann für einen kleinen Einzelhändler die negative Kritik eines unzufriedenen Kunden in den sozialen Netzwerken bereits eine Krise auslösen.

WER MUSS VOR EINER KRISE WARNEN?

Im Idealfall sollte jeder Angestellte, wenn er ein potenzielles Problem entdeckt, das sich zu einer umfassenden Krise ausweiten könnte, dies seinem direkten Vorgesetzten mitteilen. Dieser kümmert sich dann um die Weiterleitung der Warnung. Je nachdem, was vom Krisenstab festgelegt wurde, gibt der Verantwortliche der Gruppe oder der Kommunikationsverantwortliche anschließend eine allgemeinere Warnung an alle Mitarbeiter und die Medien aus.

WIE WIRD EINE KRISE BEWÄLTIGT?

Die beste Art der Krisenbewältigung ist gute Vorbereitung. Dazu müssen Sie im Vorhinein am Krisenmanagement arbeiten, insbesondere indem Sie eine Auswertung des Unternehmens anfertigen, um interne und externe Risiken festzustellen. So können dank der Gründung eines Krisenstabs und der Ausarbeitung eines Krisenplans Präventivmaßnahmen eingeführt werden. Seien Sie geduldig und geraten Sie nicht in Panik, denn eine Krise wird selten in nur wenigen Tagen bewältigt. Wenn Sie optimistisch sind und am Ball bleiben, werden Sie schnell das Licht am Ende des Tunnels sehen.

WIE SOLLTE MAN IN EINER KRISENSITUATION KOMMUNIZIEREN?

Die Kommunikation sollte für alle verständlich sein und so wenig Fachbegriffe wie möglich beinhalten, da diese möglicherweise nicht oder falsch verstanden werden. Wurde eine Krisensituation festgestellt, sollte schnellstmöglich mit den Betroffenen kommuniziert werden. Besteht die Gefahr einer Krise, sollte das Personal nach Möglichkeit gewarnt werden, bevor sie tatsächlich eintritt, um so Gerüchten und dem Flurfunk zuvorzukommen, die die Situation meist nur verschärfen. Die Botschaften können über die

Medien, soziale Netzwerke und ebenfalls bei Veranstaltungen mit dem Personal und mit betroffenen Vertreterverbänden (Käufer, Anwohner, Umweltschützer etc.) übermittelt werden.

KANN ICH DIE KRISE BEWÄLTIGEN, SELBST WENN ICH KEINEN KRISENPLAN BESITZE?

Der Krisenplan eignet sich äußerst gut, um eine Situation unter Kontrolle zu bekommen. Wenn Sie jedoch im Vorhinein keine Maßnahmen festgelegt haben, sollten Sie in der Lage sein, auch spontan auf eine Situation zu reagieren, über greifbare Kontaktlisten verfügen, sowie den Reflex haben, schnell Experten um sich zu versammeln, die eingreifen und schnell effiziente Entscheidungen treffen. Wenn man sich in einer – in der Regel beunruhigenden und stressigen – Krisensituation befindet, ist es meist schwierig, objektiv zu bleiben und den Ereignissen optimal zu begegnen. Aus diesem Grund ist die Erstellung eines Krisenplans so empfehlenswert. Wenn Sie dennoch keinen Krisenplan besitzen, ist Ihr Unternehmen aber nicht automatisch dem Untergang geweiht: Das

Unternehmen und die Angestellten verfügen mit Sicherheit über die entsprechenden Ressourcen, die Krise zu überwinden.

WELCHE PSYCHISCHEN KONSEQUENZEN KANN EIN SCHLECHTES KRISENMANAGEMENT NACH SICH ZIEHEN?

Im Falle eines schlechten Krisenmanagements können bei den Mitgliedern des Krisenstabs ebenso wie bei den Mitarbeitern psychische Folgen erkannt werden. Diese können sich unterschiedlich stark auswirken: Demotivation, Konzentrationsschwierigkeiten, Reizbarkeit, Depressionen, bis hin zu Burn-out. Es ist daher wichtig, sie ernst zu nehmen und eine psychische Betreuung durch Experten anzubieten.

WELCHE FEHLER SOLLTEN VERMIEDEN WERDEN, UM DEN SCHADEN ZU BEGRENZEN?

Um den Schaden zu begrenzen, sollte in jedem Fall vermieden werden, den Unternehmensangestellten die Wahrheit zu verschleiern, damit es nicht zu Gerüchten kommt, die die Situation verschärfen könnten. Sich zu verstecken und die Tatsachen zu leugnen hilft in einer Krisensituation auch nicht weiter. Außerdem wäre es ein fataler Fehler mit weitgreifenden Folgen, die Auswirkungen auf die psychische Gesundheit des Personals und auf den Unternehmensbetrieb nicht miteinzubeziehen.

JETZT SIND SIE GEFRAGT!

KRISEN-LOGBUCH

Ein Logbuch kann Sie auf den verschiedenen Schritten der Krisenbewältigung begleiten.

Krisen-Logbuch

Revisionsbericht	Wer führt die Revision durch? Wann? Wie? Welche Situationen werden miteinbezogen (interne oder externe Faktoren)? Über welchen Zeitraum wird die Revision durchgeführt?
Interne Risikofaktoren (gleiche Vorgehensweise für die externen Risikofaktoren)	Welche Arten von Faktoren werden miteinbezogen (technische, menschliche etc.)? Wie wahrscheinlich sind sie und wie ist ihr Schweregrad? Wie kann ihnen entgegengewirkt werden? Welche Maßnahmen sollten für die verschiedenen Faktoren im Krisenfall umgesetzt werden?
Einrichtung eines Krisenstabs	Wie setzt er sich zusammen? Welche Rollen haben die einzelnen Mitglieder? Wie funktioniert er? Welche Prozesse wurden zur Warnung und für das Krisenmanagement eingeführt? Welche Kommunikationsformen werden innerhalb des Krisenstabs eingesetzt? Trifft sich der Krisenstab regelmäßig oder lediglich im Krisenfall?

Erstellung eines Krisenplans	Wurde der Kommunikationsplan ausgearbeitet? (Wer macht was? Wie?) Wurden Kontaktlisten erstellt? Wurde ein Geschäftskontinuitätsplan verfasst?
Präventiv-maßnahmen	Welche Maßnahmen wurden definiert? Für welche Zeitspanne? Wurden Fortbildungen, psychologische Vorbereitung und Übungen für den Ernstfall vorgesehen?
Krisen-management	Wer schlägt Alarm? Innerhalb welcher Zeiträume wird reagiert und werden Entscheidungen getroffen? Welche Zeitspanne wurde für Maßnahmen vorgesehen? Welche Unterstützung wird den Betroffenen angeboten? Wie sieht das angestrebte Ergebnis aus?

Feedback	Hatten die getroffenen Entscheidungen die gewünschte Wirkung?
Neue Revision	Vergleichen Sie diese mit den Ergebnissen der ersten Revision.
Neuer Präventiv-maßnahmen- und Krisenplan	Inwiefern können die vorherigen Maßnahmen übernommen werden? Kann einer neuen Krise begegnet werden?

Ihre Meinung ist uns wichtig!
Hinterlassen Sie doch einen Kommentar auf der
Seite unserer Online-Buchhandlung
und teilen Sie Ihre Favoriten in den sozialen
Netzwerken!

DARÜBER HINAUS

LITERATURVERZEICHNIS

- *Gestion de crise*: „Réagir à la crise : les principes clés". Beitrag auf Französisch. http://www.gestiondecrise.com/reagir-a-la-crise-les-principes-cles/ (01.03.2019).

- Gorius, Aurore: „Réussir sa com' de crise : 5 exemples à la loupe". *Journal du net.* (15.07.2013). Artikel auf Französisch. http://www.journaldunet.com/management/direction-generale/communication-de-crise/ (01.03.2019).

- Loury, Catherine: *Management des situations de crise. De la stagnation à la croissance.* FMK Consulting: Paris 1999.

- Maisonneuve, Danielle; Saouter, Catherine ; Char, Antoine: *Communication en temps de crise.* Presses de l'Université du Québec: Québec 2001.

- Pardini, Gérard: *La gestion de crise.* INHESJ: Paris 2010.

WEITERFÜHRENDE LITERATUR

- Garth, Arnd Joachim: *Krisenmanagement und Kommunikation*. Gabler: Wiesbaden 2008.

- Monnet, Jean: *Erinnerungen eines Europäers*. Aus dem Französischen von Werner Vetter. Dtv: München 1980.

- Thießen, Ansgar (Hrsg.): *Handbuch Krisenmanagement*. 2. Aufl. Springer VS: Wiesbaden 2014.

MEHR AUF 50MINUTEN.DE

- Martin, Nicolas: *Resilienz entwickeln. Methoden zum Meistern von schwierigen Situationen*. Aus dem Französischen von Leonie Kremer. Plurilingua Publishing: Brüssel 2019.

- de Radiguès, Géraldine: *Stressmanagement bei der Arbeit. Tipps zum Umgang mit Stress*. Aus dem Französischen von Mareike Lobeck. Plurilingua Publishing: Brüssel 2019.

- Speth, Christophe: *Die SWOT-Analyse. Erstellen Sie einen Strategieplan für Ihr Unternehmen*. Aus dem Französischen von Mareike Lobeck. Plurilingua Publishing: Brüssel 2018.

ISBN digitale Ausgabe: 9782808018265

ISBN gedruckte Ausgabe: 9782808018272

Pflichtexemplar: D/2019/12603/80

Cover: © Plurilingua

Digitale Aufbereitung: Primento, der digitale Partner der Herausgeber